Das didaktische Konzept zu Sonne, Mond und Sterne
wurde mit Prof. Dr. Manfred Wespel, Pädagogische Hochschule
Schwäbisch Gmünd, entwickelt.

Beim Druck dieses Produkts wurde
durch den innovativen Einsatz der
Kraft-Wärme-Kopplung im Vergleich
zum herkömmlichen Energieeinsatz
bis zu 52 % weniger CO_2 emittiert.
Dr. Schorb, ifeu.Institut

MIX
Papier aus verantwor-
tungsvollen Quellen
FSC® C011124

Überarbeitete Neuausgabe

© Verlag Friedrich Oetinger GmbH, Hamburg 2006, 2011
Alle Rechte vorbehalten
Titelbild und farbige Illustrationen von Silke Brix
Reproduktion: Domino Medienservice GmbH, Lübeck
Druck und Bindung: Mohn media · Mohndruck GmbH, Gütersloh
Printed 2011
ISBN 978-3-7891-0720-7

www.kirsten-boie.de
www.oetinger.de

Kirsten Boie

Lena hat eine Tierkümmer-Bande

Bilder von
Silke Brix

Verlag Friedrich Oetinger · Hamburg

Inhalt

1. Nur drei Tage

„Und schafft ihr das auch wirklich so ganz
alleine?", fragt Mama am Donnerstagabend,
als sie nach dem Essen den Reißverschluss
an ihrem kleinen Trolleykoffer zugezogen hat.
„Ganz ohne mich?"
Papa lacht. „Locker schaffen wir das, was,
Lena?", sagt er. „Sind doch nur drei Tage!"
Mama sieht richtig ein bisschen ängstlich aus.

Übers Wochenende will sie mit ihrer Freundin Alice für drei Tage auf eine Wellness-Farm fahren. Da sieht man hinterher gleich zehn Jahre jünger aus, hat Alice gesagt. Und wo Mama nun doch auch wieder halbtags arbeitet und den Haushalt immer noch fast ganz alleine machen muss, da hat sie sich ja wohl mal ein paar Tage Wellness-Farm verdient.

Lena würde nicht gerne irgendwohin fahren, wo man hinterher zehn Jahre jünger aussieht. Lieber zehn Jahre älter. Aber so was gibt es ja nicht. Und was Mama ihr sonst von der Wellness-Farm erzählt hat, findet sie auch nicht so furchtbar gut. Schlammpackungen und Massagen und Gurkenscheiben im Gesicht. Da würde Lena lieber auf einen Ponyhof fahren. Aber dafür ist Mama natürlich zu alt.

„Klar schaffen wir das, wir sind doch keine Babys!", sagt Lena und guckt Mama aufmunternd an. „Papa und ich. Fahr du mal los. Das wird bestimmt sehr schön da mit dem ganzen Matsch und allem."

„Das Essen kannst du in der Mikrowelle warm machen, Lena", sagt Mama. „Ich hab vorgekocht. Ich hab auf alle Gefrierbeutel Nummern geklebt, damit du weißt, was an welchem Tag dran ist."

„Mach ich, Mama, kein Problem", sagt Lena. Sie hat eigentlich gedacht, dass Papa und sie sich immer leckere Miracoli machen und Tiefkühlpizza und Ravioli. Mamas gesunde Sachen können sie ja auch noch essen, wenn Mama wieder da ist.

„Wieso redest du eigentlich immer nur mit Lena?", fragt Papa und gibt Mama einen kleinen Kuss. „Glaubst du, ich kann das nicht?

Sind wir hier im Mittelalter, wo nur die Frauen den Haushalt machen können?"

„Ach was!", sagt Mama. „Aber morgen Nachmittag nach der Schule ist Lena ja schließlich alleine hier. Da muss ich ihr das doch erklären."

Genau, denkt Lena glücklich. Morgen Nachmittag bin ich ganz alleine hier und muss mich ganz alleine um den Haushalt kümmern. Wie ein echter erwachsener Mensch.

Sie spürt ein zufriedenes kleines Kribbeln im Bauch. Was für ein Glück, dass Mama so gerne zehn Jahre jünger aussehen möchte.

2. Was war denn los?

Am nächsten Morgen ist Mama schrecklich
aufgeregt. Darum erklärt sie Lena auch
immerzu noch neue Sachen: dass sie
die Wohnungstür abschließen soll, wenn
sie nach draußen geht, und dass sie die
Sicherheitsknöpfe an den Fenstergriffen
reindrücken soll und dass sie immer doppelt
kontrollieren soll, ob sie auch den Herd
abgeschaltet hat.
„Weiß ich doch alles, Mama!", sagt Lena.
„Mach ich doch sonst auch immer! Weiß ich
seit tausend Jahren!" Jetzt kann Mama
langsam mal endlich abfahren.
„Vor allem der Herd ist wichtig!", sagt Mama.
„Nicht, dass wir hier noch einen Wohnungs-
brand kriegen!"
„Quatsch!", sagt Lena und schleudert sich
ihren Ranzen auf den Rücken. „Tschüs, Mama,
viel Spaß auf der Farm! Ich muss doch jetzt
los!"

Dann rennt sie so schnell zur Schule, dass die Bücher in ihrem Ranzen hüpfen. Aber sie kommt trotzdem erst an, als in der Klasse alle schon auf ihren Plätzen sitzen und Frau Schröder vorne am Pult steht.

„Entschuldigen Sie bitte, meine Mutter muss heute verreisen!", sagt Lena und lässt sich neben Katrin auf ihren Stuhl plumpsen.

Frau Schröder guckt kurz vom Klassenbuch auf. „Das ist ein Grund", sagt sie und lächelt. Katrin boxt Lena in die Seite. „Was war denn los?", fragt sie flüsternd.

Vorne schreibt Frau Schröder gerade oben
rechts das Datum an die Tafel. „Deutschhefte
raus", sagt sie. „Dann wollen wir mal eure
Hausaufgaben angucken."
„Erklär ich dir nachher", flüstert Lena zurück.
Dann holt sie ihr Heft aus dem Ranzen.

3. So machen wir das!

„Und darum muss ich jetzt alles ganz alleine
machen", sagt Lena, als die erste Stunde
vorbei und Frau Schröder aus der Klasse
gegangen ist. „Kochen und alles, und ich darf
nicht vergessen, den Herd auszumachen und
so. Ich bin jetzt drei Tage lang verantwortlich
und der Chef, sagt Mama."
„Geil!", sagt Katrin und guckt Lena ein
bisschen neidisch an. „Und dein Vater macht
gar nichts?"
Gerade will Lena überlegen, was sie dazu nun
sagen soll, da fällt ihr etwas ein.

„Du kannst aber heute nach der Schule gerne mit zu mir kommen", sagt sie großzügig. „Dann koch ich für dich mit."

Leider hat Mama heute Morgen schon gleich den Gefrierbeutel mit der Eins drauf für Lena aus dem Gefrierschrank genommen. Gemüseeintopf, das ist längst nicht so lecker wie Ravioli. Aber wenn Lena nach Hause kommt, ist der Eintopf bestimmt schon aufgetaut, da muss sie ihn ja essen. Darum ist es doch gut, wenn Katrin mitisst. Die schafft sicher die Hälfte davon.

„Ich kann noch Kartoffelbrei dazumachen", sagt Lena. „Aus der Tüte. Dann reicht es für uns beide." Das macht Mama manchmal, wenn vom Essen vom Tag davor nur noch ein Rest übrig ist.

„Geil!", sagt Katrin wieder. Aber dann schüttelt sie den Kopf. „Nee, geht leider nicht. Ich bin schon mit Ina verabredet, Rüdiger ausmisten."

Lena guckt böse. Rüdiger ist Inas Kaninchen.

Der heißt nach einem berühmten Vampir und
ist wirklich ziemlich süß. Aber eigentlich ist
Katrin ja Lenas beste Freundin. Und nur wegen
Rüdiger geht sie jetzt nachmittags ganz oft zu
Ina. Das ist doch ziemlich unfair.

„Kann die das nicht alleine?", sagt Lena böse.
„Den Kaninchen-Dreck wegmachen?"
Katrin guckt nachdenklich. „Jetzt hab ich mich
ja mit ihr verabredet", sagt sie. „Da kann ich
doch nicht einfach absagen. Das würdest du
schließlich auch nicht gut finden, wenn ich das
mit dir machen würde."
Lena kneift die Lippen zusammen. Aber
natürlich hat Katrin recht. Verabredet ist

14

verabredet, das kann man nicht einfach so ändern.

Manchmal spielen sie natürlich auch zu dritt, Lena, Katrin und Ina, und das ist dann eigentlich auch immer ganz schön. Vor allem, wenn zu dritt eigentlich zu viert bedeutet, weil Rüdiger auch mitmacht.

„Na gut", sagt Lena großzügig. „Wenn Ina will, kann sie meinetwegen auch bei uns mitessen. Dann koch ich auch noch Ravioli, dann reicht es für drei. Und hinterher misten wir alle zusammen Rüdiger aus, oder?"

Katrin nickt. „Genau, so machen wir das!", sagt sie zufrieden.

Da kommt leider schon Frau Schröder und sagt, dass sie jetzt Mathe machen wollen.

4. Servietten falten

In der Mathestunde passt Lena sonst immer ziemlich gut auf, weil sie doch Mathe so schwierig findet. Da darf man im Unterricht nicht abgelenkt sein, sagt Mama.
Aber heute muss sie Ina trotzdem einen Zettel schreiben.
„Willst du nach der Schule bei mir Mittag essen?", steht darauf. „Meine Mutter ist weg. Katrin kommt auch."
Und dieses Mal schnappt Frau Schröder den Zettel ausnahmsweise mal nicht, weil sie sich so doll auf das Einmalzwölf konzentrieren muss, das ist ja auch wirklich ziemlich schwierig. Darum merkt sie nicht mal, wie Ina Lena einen Antwortzettel schickt.
„Hilfst du hinterher beim Ausmisten?", steht da, und drum herum sind die Kästchen in einem ganz komplizierten Karomuster angemalt.
Da fühlt Lena sich richtig glücklich. Dann kann sie jetzt ja eigentlich auch aufpassen.

Sie haben Katrins Mutter und Inas Mutter mit
Katrins Handy angerufen, und Katrins Mutter
hatte nichts dagegen, dass Katrin mit zu Lena
geht. Inas Mutter hat ein bisschen gemault, weil
sie extra Kartoffelauflauf gemacht hatte, das ist
Inas Lieblingsessen, und nun war alles umsonst.

Aber dann darf Ina doch.

„Augenblick mal!", sagt Lena, als sie zu Hause ankommen, und zieht den Schlüssel aus der Tasche.

In der Wohnung ist es ziemlich still, richtig gruselig. Darum ist es doch gut, dass Katrin und Ina mitgekommen sind.

Aber kochen dürfen sie nicht, das macht Lena alleine.

Gemüseeintopf aus der Gefriertüte in die große Glasschüssel schütten und in die Mikrowelle stellen und Wasser für den Fertig-Kartoffelbrei aufsetzen und die Ravioli-Dose aufmachen.

Aber bei der Dose darf Katrin ihr helfen, weil Lena mit dem Dosenöffner nicht so gut klarkommt.

„Bitte sehr!", sagt Katrin und trägt die geöffnete Dose ganz vorsichtig zum Herd, damit nichts überschwappt.

Dann decken sie zusammen den Tisch, und Lena sucht in Mamas guter Schublade noch extra nach schönen Servietten.

Wenn man Gäste zum Essen hat, soll es ja
auch ein bisschen vornehm sein.
Mama hat langweilige rote Servietten und
langweilige blaue, aber ganz unten liegen
auch noch die lustigen Osterservietten mit den
vielen kleinen Hasen drauf.
„Die nehmen wir!", sagt Lena und legt drei
davon auf den Küchentisch. „Nicht wegen
Ostern, das ist ja jetzt nicht. Wegen den Hasen.
Das sind lauter winzige Rüdigers."

Da muss Ina lachen. Und dann sagt sie, sie
kennt einen Trick, wie man Servietten hübsch
falten kann. Den hat sie gelernt, als ihre
Cousine Konfirmation hatte.

„Krass!", sagt Katrin, als die erste Serviette wie
eine Blume auf Inas Teller steht. „Zeig mal, wie
das geht!"
Dann falten sie alle drei zusammen Servietten-
blumen, schon mal auf Vorrat. Wenn Mama
irgendwann Gäste hat, freut sie sich darüber
doch bestimmt, sagt Lena.
Und darum können sie leider nicht so gut auf
das Essen aufpassen, und darum merken sie
auch zuerst gar nicht, dass die Ravioli vielleicht
schon ein kleines bisschen zu lange auf dem
Herd gestanden haben. Oder vielleicht war
auch nur die Platte zu heiß.

20

„Igitt!", schreit Katrin. „Das riecht ja voll angebrannt!"

Aber Ina sagt, ihrer Mutter passiert das auch ständig. Da muss man die Ravioli nur ganz vorsichtig von oben aus dem Topf heben, damit man von dem ekligen Angebrannten nichts mit auf den Teller kriegt. Dann ist das Essen noch ganz gut.

Und das machen sie auch, und danach essen sie alle drei noch einen winzigen Teller von Mamas Gemüseeintopf mit Lenas Kartoffelbrei. Den hat sie wirklich ziemlich gut hingekriegt.

„Ich glaub, ich könnte Köchin werden", sagt Lena, als sie das Geschirr in die Spülmaschine räumt. „Oder? Könnte ich doch?"

Ina nickt.

„Für Leute, die ihr Essen am liebsten angebrannt mögen, könntest du das gut", sagt Katrin und hebt den Raviolitopf vom Herd.

Aber Lena ist ihr nicht mal böse. Dafür ist der Tag viel zu schön.

5. Die Last der Verantwortung

Nach dem Essen wischen sie alle zusammen
den Tisch sauber und den Herd und die
Mikrowelle. Dann weicht Lena auch noch den
Topf mit den verbrannten Resten ein, weil Ina
sagt, so macht ihre Mutter das auch immer.
Sonst werden sie nicht richtig sauber.
„Und jetzt gehen wir zu mir", sagt Ina. „Rüdigers
Käfig ausmisten."
Eigentlich geht Lena immer ziemlich gerne
zu Ina, um mit Rüdiger zu spielen.
Aber heute findet sie es schade, wenn sie

schon so schnell aufhören muss, eine Haus-
frau zu sein.

„Wir könnten noch staubsaugen", sagt Lena.
Katrin zeigt ihr einen Vogel und sagt, dass sie
ja wohl zum Essen eingeladen war und nicht
zum Putzen.

Da schließt Lena die Tür zweimal ab, als sie
gehen, und als sie schon unten an der Haustür
sind, rennt sie schnell noch mal hoch, um
nachzugucken, ob sie auch wirklich den Herd
ausgeschaltet hat. Sicher ist sicher.
„Hast du doch!", ruft Katrin ihr hinterher. „Wir
haben den doch sogar schon gewischt! Und
der war nicht mehr heiß!"

Aber Lena guckt lieber noch mal nach und geht sogar vor dem Herd in die Hocke, um die Knöpfe ganz genau anzugucken. Zum Glück stehen die wirklich alle auf null.

„Na bitte, was hab ich gesagt", sagt Katrin unfreundlich, als Lena endlich wieder zu ihnen nach draußen kommt.

Lena antwortet nicht. Es ist doch wirklich komisch, dass sie sogar jetzt noch so ein winzig kleines ängstliches Ziehen im Bauch hat, ob der Herd auch wirklich ausgeschaltet ist. Dabei hat sie doch grade erst ganz genau nachgeguckt.

Lena seufzt. Das ist die Last der Verantwortung, sagt Papa immer. Da hat man keine ruhige Minute mehr. Jetzt weiß Lena wenigstens, was er damit meint.

6. Der Geheimweg

Zu Ina gibt es einen langen Weg und einen kurzen Weg und einen Geheimweg. Den soll Lena eigentlich nicht gehen, weil er zwischen der Fabrik und dem Kanal entlangführt. Da ist es ein bisschen einsam, und man weiß nie, wer sich dort so alles herumtreibt, sagt Mama. Vielleicht sogar gefährliche Kinder-Entführer und Verbrecher. Aber heute sind sie ja zu dritt. „Wenn wir alleine kochen können, dürfen wir ja wohl auch alleine hier längsgehen!", sagt Katrin. „Oder?"

„Genau!", sagt Lena, und Ina nickt.

„Zu dritt ist ja sowieso nicht alleine", sagt Ina. „Meine Mutter sagt auch, ich darf hier nicht alleine gehen. Aber zu dritt ist zu dritt. Und außerdem sind ja heute überhaupt keine Verbrecher da."

„Nee", sagt Katrin enttäuscht und guckt, ob sie nicht vielleicht doch noch einen entdeckt. Das wäre natürlich aufregend.

„Nee, hier ist nur der Hund da vorne", sagt Lena. „Und der sieht überhaupt nicht aus wie ein Verbrecher."

„Vielleicht ist das bloß Tarnung", sagt Ina und kichert. „Vielleicht hat der sich nur verkleidet!"

Aber Lena hört ihr gar nicht mehr zu. Jetzt ist der Hund nämlich schon fast bei ihnen angekommen und Lena geht in die Hocke und streckt ihre Hand aus.

„Komm mal her, kleiner Hund, komm mal her zu mir!", sagt sie mit einer ganz lieben Stimme. „Ich bin gar nicht gefährlich!"

Und das glaubt ihr der Hund auch sofort und kommt näher und schnuppert an ihrer Hand und wedelt mit dem Schwanz.

„So ein lieber Hund!", sagt Lena. Solange sie denken kann, wünscht sie sich einen Hund, und immer sagen Mama und Papa, dass so ein großes Tier in ihrer kleinen Wohnung wirklich nicht geht.

Jetzt leckt der Hund sogar ihre Finger ab. Das
ist ein so wunderbar gutes Gefühl, dass Lena
am liebsten die ganze Zeit nur so dahocken
und den Hund kraulen würde. Dann kann
sie sich ganz gut vorstellen, dass der Hund
eigentlich ihr Hund ist.

„Du kannst doch nicht einfach einen fremden
Hund anlocken!", sagt Katrin. „Vielleicht hat
der Flöhe!"

„Vielleicht beißt der auch!", sagt Ina und tritt
einen Schritt zurück.

Lena guckt böse zu ihnen hoch. „Siehst du
doch, dass der nicht beißt!", sagt sie.

Ina hat Rüdiger, die braucht keinen Hund.

Darum kann sie auch einfach solche Sachen
sagen. Vielleicht wäre es doch besser
gewesen, wenn sie Ina nicht mit zum Mittag-
essen genommen hätte.
Aber Lena hat kein Kaninchen und auch kein
anderes Tier. Lena findet es schön, wenn
ein Hund ihre Hand ableckt, auch wenn der
vielleicht Flöhe hat oder beißt. Hunde sind
das Allerbeste.
„Das stimmt", sagt Katrin nun auch und geht
neben Lena in die Hocke. „Der sieht nicht
bissig aus, Ina. Aber einsam, oder, Lena?"
Und jetzt streichelt Katrin dem Hund über den
Rücken, und zur Belohnung leckt er ihr einmal

quer übers Gesicht. Das ist doch unfair, wo
eigentlich Lena ihn entdeckt hat. Da sollte er
doch lieber Lenas Gesicht abschlecken.
„Der sieht ja richtig einsam aus!", sagt Katrin.
„Oder könnt ihr hier irgendwo ein Herrchen
entdecken?"
„Ein Frauchen auch nicht", sagt Lena.
Da schmeißt sich der Hund plötzlich auf den
Rücken und hält die Beine so komisch in die
Luft. Das heißt, dass er jetzt ordentlich gekrault
werden will.
„Nee, der ist wirklich ganz alleine unterwegs",
sagt Lena und dann krault sie dem Hund
den Bauch.

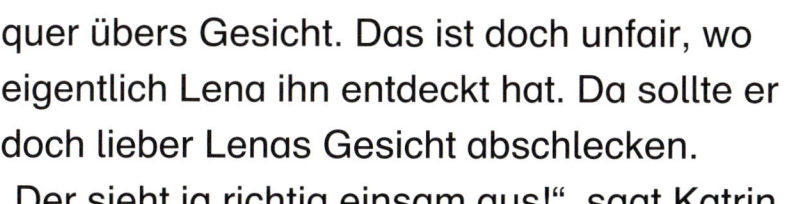

Er riecht so gut nach Hund, und Lena denkt,
dass es doch ein Glück ist, dass sie heute
ausnahmsweise den Geheimweg gegangen
sind. Sonst hätten sie den einsamen Hund ja
nicht entdeckt, und wer weiß, wer sich dann
um ihn gekümmert hätte.
Und da fällt es ihr wieder ein. „Katrin!", schreit
Lena so laut, dass der Hund vor Schreck
seinen Kopf ein Stück hebt. Aber dann lässt er
ihn gleich wieder auf den Boden plumpsen.
Hunden macht es ja nichts aus, wenn sie
einfach so auf dem Gehweg liegen. „Wir
wollten doch schon ewig eine Tierkümmer-
Bande gründen!"

Katrin starrt sie an. „Genau!", schreit sie. „Das
wollten wir doch, oder, Ina?"
Ein paar Schritte entfernt ist Ina jetzt auch in
die Hocke gegangen, und nun nickt sie. Einmal
hat Lena ihre Zahnspange verloren und Katrin
und Ina haben sie wiedergefunden. Danach
haben sie sich geschworen, dass sie immer
Freundinnen sein wollen und was zusammen
machen wollen und eine Tierkümmer-Bande
gründen wollen.
„Und um den Hund hier müssen wir uns ja
wohl kümmern", sagt Lena. „Der ist ja wohl
ganz alleine."
„Ich glaub, der will mit uns spazieren gehen",
sagt Katrin. „Armer, einsamer Hund!"

„Ich denke, wir wollten Rüdiger ausmisten?",
sagt Ina böse.
Aber Katrin winkt ab. „Was da jetzt wohl
wichtiger ist!", sagt sie. „Bist du nicht tierlieb,
oder was?"
Da guckt Ina ein bisschen eingeschnappt.
Sonst wollen ja alle immer mit ihrem
Kaninchen spielen.

7. Hallo, Hund!

Den ganzen Nachmittag spielen Lena und
Katrin mit dem einsamen Hund, und nach einer
Weile hört sogar Ina auf, eingeschnappt zu
sein, und macht mit. Sie kraulen ihn, bis ihre
Finger wehtun, und versuchen, Wettrennen zu
spielen. Aber das versteht der Hund nicht so
gut. Dann werfen sie Stöckchen und lassen ihn
apportieren, und einmal fliegt das Stöckchen
ins Wasser und der Hund springt hinterher.
Als er wieder auf die Böschung klettert,
schüttelt er sich leider so doll, dass Lena ganz
nass wird. Bestimmt schimpft Papa, wenn sie
nachher so nach Hause kommt. Aber sie ist
dem Hund trotzdem nicht böse. Hunde wissen
ja nicht, dass man sich erkälten kann, wenn
man zu lange in nassen Sachen herumläuft.
„Was glaubt ihr, wie der heißt?", fragt Katrin.
Lena zieht die Stirn kraus. Hunde können
Hasso heißen und Bello und Blacky, das sind
so altmodische Hundenamen in Geschichten.

Oder Beethoven und Mozart und Herr Schröder.
So heißen die Hunde, die Lena kennt.
„Ich glaub, der hat gar keinen Namen", sagt
Lena. „Weil er doch einsam ist und kein
Herrchen hat. Ich glaub, der heißt einfach nur
Hund."

„Jedenfalls hört er darauf, wenn man ihn ruft",
sagt Katrin. „Hallo, Hund! Heißt du nur Hund?"
Und da wedelt der Hund so doll mit dem
Schwanz, dass jeder sehen kann, er heißt
wirklich so.
„Und was wollt ihr jetzt mit ihm machen?", fragt
Ina. „Über Nacht?"
Es fängt schon an, ein bisschen dämmerig zu
werden, da müssen sie eigentlich alle drei bald
zu Hause sein.

Lena guckt sie an. Darüber hat sie noch gar
nicht nachgedacht.
Natürlich würde sie den Hund am liebsten mit
nach Hause nehmen, aber sie weiß schon,
dass das nicht klappt. Papa erlaubt bestimmt
nicht, dass der Hund bei ihnen bleibt, schon gar
nicht, wenn Mama nicht da ist. Und außerdem
sind Hunde in ihrer Wohnung verboten, das hat
Mama ihr schon tausendmal erklärt.

Immer, wenn Lena sich zu Weihnachten und zum Geburtstag wieder einen Hund gewünscht hat nämlich.

„Nehmen kann ich ihn nicht", sagt Lena. „Aber ich kann jeden Tag mit ihm spielen! Kann er bei dir wohnen, Katrin? Vielleicht?"

Aber Katrin schüttelt nur den Kopf. „Was glaubst du, was meine Mutter sagt, wenn ich mit einem Hund nach Hause komme!", sagt sie. „Nee, das geht auch nicht."

„Tja, dann war das wohl nichts!", sagt Ina, und Lena denkt, dass es fast so aussieht, als ob Ina sich freut, dass es ein Problem gibt. „Und was wollt ihr dann mit ihm machen?"

Lena guckt Katrin an und Katrin Lena.

„Wir bringen ihn zur Polizei!", sagt Katrin und Lena nickt. Das hätte ihr auch selbst einfallen können. „Die haben ein Fundbüro."

Da wollte Lena schon immer mal gerne hin.

„Und die sind auch dein Freund und Helfer, die Polizei", sagt sie und nimmt den Hund am Halsband.

Der Hund hechelt ein bisschen vom vielen
Toben. „Und die Freunde und Helfer von
Hunden sind sie auch."
Die Wache ist zum Glück ganz in der Nähe.

8. Bei der Polizei

Hinter dem Tresen steht eine Frau in einem
Polizeipullover mit einem Polizeiabzeichen auf
dem Ärmel, aber ohne Mütze auf dem Kopf,
und starrt den Mädchen entgegen.

Katrin hält die Tür auf, damit Lena den Hund
nach drinnen ziehen kann.

Leider hat der Hund ja keine Leine, aber Katrin
hat den Gürtel aus ihrer Jeans gezogen, den
haben sie unter dem Halsband durchgesteckt
und zugemacht. Daran zerrt Lena jetzt, bis der
Hund endlich in der Wache ist.

„Ja, bitte?", sagt die Frau. Lena findet nicht,
dass es sehr freundlich klingt. Gar nicht, als

ob die Frau gern ihre Freundin und Helferin
sein möchte.

Ina knufft Lena in die Seite. „Sag du!", flüstert
sie.

Lena schüttelt erschrocken den Kopf. Einfach
so mit einer unfreundlichen Polizistin reden,
das kann sie nicht so gut. Ihr Gesicht fühlt sich
jetzt schon ganz rot an vor lauter Peinlichkeit.

Katrin lässt die Tür hinter ihnen zufallen. „Wir
haben einen Hund gefunden", sagt sie und
drängelt sich nach vorne. Katrin ist immer
ziemlich mutig. „Der gehört keinem. Den
wollten wir Ihnen bringen."

„Ach nee?", sagt die Polizistin und starrt
den Hund an, und der wedelt freundlich mit
dem Schwanz. „Wir sind doch hier nicht das
Tierheim."

Lena zuckt zusammen. Natürlich! Gefundene
Sachen muss man ins Fundbüro bringen, das
stimmt. Und gefundene Tiere bringt man ins
Tierheim. Aber da wissen sie doch gar nicht,
wo das ist!

„Wir wissen ja gar nicht, wo das ist!", sagt
Katrin da auch schon. „Und die Polizei will uns
doch immer helfen, dazu ist sie schließlich da,
sagt Frau Schröder."

„Wer ist denn Frau Schröder?", fragt die
Polizistin und kommt durch die Klappe im
Tresen zu ihnen in den Wachraum. „Komm mal
her, Hund. Ja, so ist es gut. Mach sitz."

Und da setzt sich der Hund doch tatsächlich
hin und klopft mit dem Schwanz auf den Boden
und guckt die Polizistin ganz begeistert an.

Mitten in der Polizeiwache!

Dabei haben sie das heute Nachmittag gar
nicht mit ihm geübt.

„So ein gut erzogener Hund!", sagt die
Polizistin und krault ihm den Kopf. Da leckt der
Hund ihr über die Hand, wie er das vorhin auch
bei Lena gemacht hat, und Lena spürt einen
kleinen Stich. Eigentlich sollte ihr Hund das
schließlich nur bei ihr so machen und vielleicht
noch bei Katrin und Ina, weil sie seine
Tierkümmer-Bande sind. Aber doch nicht bei

einer fremden Polizistin, die er gar nicht kennt!
„Platz!", sagt die Polizistin, und sofort streckt
der Hund sich auf dem Boden aus und guckt
sie an, als ob er gelobt werden möchte.
„Na, der hat bestimmt einen Besitzer. So gut,
wie der gehorcht!" Die Polizistin seufzt und
greift nach dem kleinen Ledertäschchen am
Halsband. „Warum schleppt ihr den denn hier
an? Ihr braucht doch nur nachzugucken, wem
er gehört!"

Lena spürt, wie es in ihrem Hals kribbelt, so als ob sie gleich weinen muss. Da haben sie einen einsamen Hund gerettet und dann schimpft die Frau sie aus! Lena findet es sowieso immer so schrecklich, wenn fremde Leute sie ausschimpfen, und bei einer Polizistin ist es sogar noch besonders schlimm, das merkt sie jetzt.

„Wir sind doch eine Tierkümmer-Bande!", sagt Lena, und sie hört selbst, dass ihre Stimme ein kleines bisschen zittert.

„Ach, eine Tierkümmer-Bande seid ihr!", sagt da ein Polizist, der bisher bestimmt in dem Nebenraum gesessen hat, zu dem die Tür offen steht. „Na, das ist aber nett! Geh du mal nach hinten, Gerda, du kannst jetzt an den Computer. Ich erledige das hier schon." Und dabei nickt er den Mädchen aufmunternd zu. Da weiß Lena plötzlich, dass jetzt doch noch alles in Ordnung kommt.

9. Verkehrssicher

„Wie schön, dass ihr euch um den Hund gekümmert habt!", sagt der neue Polizist und greift auch nach dem Ledertäschchen, genau wie die unfreundliche Polizistin vorher. „Es ist ja wichtig, dass die Menschen nicht einfach so weitergehen, wenn sie sehen, dass es irgendwo ein Problem gibt. Sondern dass sie versuchen zu helfen."

Lena nickt heftig. Sie versteht nicht richtig, warum der Hund ein Problem sein soll. Aber geholfen haben sie ihm auf alle Fälle, den ganzen Nachmittag lang.

„Wir versuchen, den Leuten immer klarzumachen, dass sie gucken sollen, wo man helfen kann. Da wart ihr ja nun vorbildlich", sagt der Polizist, und er greift unter den Tresen, wo Papier raschelt. „Wollt ihr einen Keks?"

Lena nickt und Katrin und Ina nicken auch. Es sind nur langweilige Butterkekse, aber wenn man sie von einem echten Polizisten

44

angeboten kriegt, schmecken sie irgendwie
viel besser.

„Wir sind eine Tierkümmer-Bande", sagt Katrin.
„Um Tiere kümmern wir uns immer."

„Schön, schön", sagt der Polizist. „Dann will
ich mal gucken, ob ich den Besitzer erwische.
Und wenn ihr das nächste Mal einem Tier
helft, könnt ihr auch gleich selber anrufen. Man
muss nicht die Polizei einschalten."

Dann tippt er in sein Telefon und meldet sich
und erklärt dem Menschen am anderen Ende,
dass er seinen Hund auf der Wache abholen
kann.

„So", sagt der Polizist dann. „Der Besitzer kommt
gleich. Er hatte seinen Hund schon vermisst.

Er sagt, sein Hund geht immer alleine spazieren, der ist verkehrssicher." Er schüttelt den Mädchen die Hand. „Wiedersehen, meine Damen. War nett, euch kennenzulernen. Und beim nächsten Mal: wieder helfen, okay? Aber möglichst selbst anrufen, wenn's geht."

„Machen wir!", sagt Katrin und tippt sich an eine Mütze, die sie gar nicht aufhat. So machen das ja die Polizisten im Fernsehen immer.

„Tschüs, Hund!", flüstert Lena, als sie nach draußen gehen. Der Hund liegt immer noch ausgestreckt auf dem Boden der Wache und guckt ihnen nach. Lena ist beinah sicher, dass er ein bisschen traurig aussieht.

Bestimmt hat er uns netter gefunden als sein Herrchen, das ihn immer einfach so alleine rumrennen lässt, denkt Lena. Sonst hätte er doch nicht den ganzen Nachmittag mit uns gespielt und uns abgeschleckt und alles.

„Der Hund heißt übrigens Herr Schmidt", sagt der Polizist freundlich.

So was hat Lena sich ja schon gedacht.

„Aber Finderlohn haben wir keinen gekriegt",
sagt Katrin enttäuscht, als die Tür der Wache
hinter ihnen zugefallen ist. „Das hätte ich gut
gefunden."
Lena antwortet nicht. Für Tiere kriegt man
keinen Finderlohn, das ist doch klar. Nur für
Sachen. Mit den Tieren hat man ja sowieso
schon so viel Spaß, wenn man sie findet, da
wäre es ja ein bisschen viel verlangt, wenn man
auch noch extra Finderlohn kriegen würde.
„Kommt ihr nun noch mit?", fragt Ina. „Rüdiger
ausmisten?"
Aber Katrin sagt, dass sie jetzt unbedingt nach
Hause muss, weil es schon ziemlich dunkel ist,
sonst macht ihre Mutter sich Sorgen.

„Und du, Lena?", fragt Ina.

Da fällt Lena ein, dass Mama sich natürlich keine Sorgen macht. Sie ist ja überhaupt nicht da und kriegt nicht mit, was Lena tut, und liegt jetzt ganz gemütlich auf ihrer Wellness-Farm im Schlamm und sieht vielleicht schon so ungefähr drei Jahre jünger aus. Aber natürlich möchte Mama auch nicht, dass Lena noch draußen unterwegs ist, wenn es dunkel wird. Lena seufzt. „Nee, ich muss auch nach Hause", sagt sie. „Aber morgen vielleicht? Morgen ist Wochenende, da helf ich dir gern." Lena denkt, dass sie dann ja hinterher auch noch mit Rüdiger spielen können. So gut wie ein Hund ist der natürlich nicht, aber lieb ist er trotzdem. Er hat so niedliche Hängeohren.

„Na gut", sagt Ina. „Ihr könnt kommen. Aber nicht vor zehn klingeln. Meine Eltern wollen ausschlafen."

Lena nickt und winkt Ina hinterher. Wenigstens Katrin und sie gehen aber noch ein kleines Stück zusammen.

„Ich weiß ja leider noch nicht genau, wann ich morgen kommen kann", sagt Lena.

„Ich muss ja zuerst noch den Haushalt erledigen."

Katrin starrt sie an. „Was willst du denn da machen?", fragt sie.

Das weiß Lena auch nicht so genau. Aber sie kann sich doch so eine Gelegenheit nicht entgehen lassen.

„Alles Mögliche", sagt sie darum. „Muss ich dir doch wohl nicht sagen!"

Katrin zuckt die Achseln. „Kann doch dein Vater machen", sagt sie. „Oder schafft der das nicht?"

Lena denkt, dass sie sich jetzt nicht mit Katrin streiten will. „Ich fand das gut, dass der Hund doch ein Zuhause hat", sagt sie darum schnell. „Oder, Katrin? Dass der nicht ins Tierheim muss."

„Nee, Tierheim ist traurig", sagt Katrin. „Tschüsi, Lena." Und dann verschwindet sie in ihrer Straße.

10. Lasst euch nicht beißen!

Nach dem Abendbrot darf Lena noch ein bisschen länger aufbleiben. Weil doch Freitag ist, da kann sie am nächsten Morgen ausschlafen.

„Und außerdem ist es ja heute auch was Besonderes", sagt Papa. „Nur wir zwei beiden alleine. Da machen wir es uns gemütlich." Er stellt eine große Flasche Cola auf den Tisch. Das hätte Mama bestimmt nicht erlaubt.

„Wollen wir einen Film gucken?", fragt Papa. „Welchen willst du sehen?"

Da sagt Lena, dass sie am liebsten den schönen altmodischen Film von Aschenputtel gucken möchte, weil der so traurig ist, und eigentlich ist sie auch noch gar nicht zu alt dafür. Und gerade als die schreckliche Stiefmutter so furchtbar gemein zu Aschenputtel ist, dass man es gar nicht aushalten kann und am liebsten in den Fernseher greifen würde und sie schütteln, klingelt das Telefon.

Papa drückt an der Fernbedienung auf Pause.
„Es ist Mama!", sagt er zu Lena, und dann
sagt er in den Hörer, dass bei ihnen alles in
Ordnung ist und dass Lena alles supergut im
Griff hat und er auch. Danach will Mama mit
Lena sprechen.

„Na, Lenamaus?", sagt Mama. „Du fehlst mir
aber schon sehr, du!"

Lena nickt. Das ist ja wohl klar. Und sie denkt,
wie erstaunlich es ist, dass Mütter immer nicht
so gut alleine klarkommen, wenn sie nur mal
kurz verreist sind. Dabei sind sie doch schon
erwachsen.

Und dass Mama ihr natürlich auch ein

bisschen fehlt, denkt sie auch, aber bald ist sie ja wieder da.

„Wir mussten heute einen Hund retten", sagt Lena darum aufmunternd. „Katrin und Ina und ich. Wir haben eine Tierkümmer-Bande aufgemacht."

„Prima!", sagt Mama. „Aber lasst euch nicht beißen!"

Dann ist sie still und Lena fällt auch nichts mehr ein. Das ist doch komisch, weil das da am anderen Ende ja Mama ist, und mit Mama weiß sie sonst immer was zu reden. Aber wenn sie so weit weg ist und nur am Telefon, ist es plötzlich ganz anders. Beinahe peinlich ist es da. Wie bei einer ganz fremden Frau.

„Wir müssen jetzt leider weiter Film gucken, Mama", sagt Lena. „Papa und ich. Aschenputtel."

Da lacht Mama am anderen Ende. „Na, da macht sich Papa ja einen richtig schönen Abend", sagt sie. „Sag ihm, er soll mir nicht über die Stränge schlagen in seiner Vergnügungssucht!"

Darum erzählt Lena ihr lieber nichts von der ungesunden Cola. Sie küsst nur einmal kurz in den Hörer rein und sagt: „Tschüs!"

Dann gucken Papa und sie weiter, wie die Stiefmutter immerzu gemein zu Aschenputtel ist, und Papa sagt, so eine Hexe würde er nie im Leben heiraten. Das geht ja auch gar nicht. Sie haben schließlich Mama. Auch wenn die im Augenblick mal gerade nicht da ist.

Lena horcht in sich rein, ob sie sich vielleicht doch ganz schrecklich nach Mama sehnt, aber das tut sie wirklich nicht. Höchstens nach dem Hund Herr Schmidt, den trifft sie ja vielleicht niemals wieder.

„Lena?", sagt Papa. „Guckst du überhaupt noch zu?"

Aber andere Hunde trifft sie bestimmt, um die sie sich kümmern muss, mit Katrin und Ina zusammen. Und Katzen vielleicht auch, und wenn sie Glück haben, sogar mal ein Schaf oder ein einsames Pferd. Lena seufzt zufrieden. So ist das nämlich, wenn man eine Tierkümmer-Bande hat.

Hallo!
Ich bin Luna Leseprofi. Mit meinem Ufo fliege ich durch das All. Wenn ich lande, ist großer Lesespaß angesagt.
Ich bin immer auf der Suche nach neuen Lese-Freunden.

Finde die Antworten auf die 6 Fragen und fliege mit in meine Internet-Welt mit vielen spannenden Spielen und Rätseln.

Leserätsel

1. Was macht Mama am Wochenende?

B: Fitness
S: Wellness
P: arbeiten

2. Inas Kaninchen heißt …

U: Herr Schmidt.

T: Mozart.

O: Rüdiger

3. Was gibt es <u>nicht</u> zu Mittag bei Lena?

A: Ravioli

P: Kartoffelbrei

R: Miracoli

4. Wo finden die Freundinnen den Hund?

G: auf dem Geheimweg

T: unten am Hafen

U: in einem geheimen Garten

5. Ist die Polizistin nett zu den Mädchen?

M: Ja, sie schenkt ihnen Butterkekse.

T: Nein, sie kümmert sich gar nicht um sie.

E: Nein, sie ist unfreundlich.

6. Wer kümmert sich in Zukunft um Herrn Schmidt?

L: Das Tierheim kümmert sich um ihn.

N: Sein Besitzer kümmert sich um ihn.

S: Lenas Papa kümmert sich um ihn.

Lösung: S O R I E N

Hast du das Rätsel gelöst?
Dann gib das Lösungswort unter
www.LunaLeseprofi.de ein.
Hole deine Familie, deine Freunde
und Lehrer dazu. Du kannst dann
noch mehr Spiele machen.
Viel Spaß! Deine Luna

Sonne, Mond und Sterne

2./3. Klasse

Für mutige Mädchen!

Kirsten Boie
Sonne, Mond und Sterne – 2./3. Klasse
Kann doch jeder sein, wie er will
ISBN 978-3-7891-0663-7

Kirsten Boie
Sonne, Mond und Sterne – 2./3. Klasse
Lena hat nur Fußball im Kopf
ISBN 978-3-7891-0685-9

Robins Brieffreundin Alex interessiert sich nur für Fußball und Technik. Aber Mädchen mögen doch Ballett und Rosa, oder?

Mama will, dass Lena mit Fußball aufhört, weil sie eine Mathearbeit verhauen hat. Aber Fußball ist doch wichtiger als Mathe!

Oetinger

Mit Lesespielen im Internet. Lesepatenmodell für Lehrer und Eltern.
www.LunaLeseprofi.de *und* **www.oetinger.de**